# GOTHENBURG CLOSEUPS
## GÖTEBORG NÄRBILDER

Cover and opposite page / Omslag och nästa sida:
Detail from the Kämpe bridge / Detalj av Kämpebron

Previous page / Föregående sida:
Stone from the Telegraph building p.26 / Sten från Telegrafverket s. 26

This page and back cover page / Denna sida och omslagets baksida:
Karyatids Valand /Karyatider utanför Valand

Opposite page and p.85 / Motsatta sidan samt s.85
Detail of the Poseidon eel p.23  / Detalj av Poseidons ål s.23

Last page / Sista sidan:
Detail from the facade of the Dickson people's library p. 52
Detalj från fasaden på Dicksonska folkbiblioteket s. 52

Photography and Design / Design och Foto
Leif Södergren

Special thanks to / Särskilt tack till:
Lena  Södergren Akterhall

ISBN  978-91-982015-5-0

LEMONGULCHBOOKS
www.lemongulchbooks.com

# GOTHENBURG CLOSEUPS
## GÖTEBORG NÄRBILDER

TEXT AND PHOTOGRAPHS

TEXT OCH FOTO

LEIF SÖDERGREN

# CONTENTS / INNEHÅLL

Poseidon

# INTRODUCTION
## INTRODUKTION

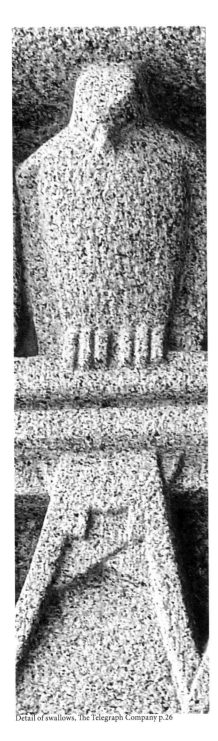

This book consists of a series of closeups of Gothenburg. It is no history book but, hopefully, it will generate some curiosity about our city. When you walk in a city like London you are struck by Britain's colonial past and its enormous wealth which manifests itself in buildings and institutions all over the city. When you walk in "Little London" as Gothenburg is often called, one is keenly aware of its importance as the best fortified city in Northern Europe. Two forts still watch over it. Remnants of the seventeenth century wall, and the meandering moat are a reminder of the city's military past.

Positioned on the West coast of Sweden, Gothenburg was once a world leader in ship building and shipping and evolved naturally into a merchant's city. The English and Scottish heritage here is very important. There are clues and traces everywhere. One has only to look.

*Denna bok består av en rad närbilder från Göteborg. Det är ingen historiebok men förhoppningsvis kan den skapa att intresse för vår stad. När man promenerar i en stad som London slås man av Storbrittaniens förflutna som kolonialmakt och dess enorma välstånd som är synligt i byggnader och institutioner över hela staden. När man promenerar i "Lilla London" som Göteborg ofta kallas, påminns man ofta om Göteborgs betydelse som den bäst befästa staden i norra Europa. Två fästningar vakar fortfarande över staden. Rester av 1600-tals befästningarna och kanalerna påminner oss om stadens militära betydelse.*

*Eftersom Göteborg ligger på Sveriges västkust utvecklades här en gång en världsledande varv och rederinäring. Göteborg blev naturligt till en köpmännens stad och det engelska och skotska arvet är betydande.Det finns spår och ledtrådar över hela staden. Man behöver bara titta.*

Detail of swallows, The Telegraph Company p.26

Svalor, detaljer från Telegrafverket s.26

# THE CITY OF GOTHENBURG
## GÖTEBORG

King Gustavus Adolphus (1594-1632) established Gothenburg on the West coast of Sweden in 1621. The city was heavily fortified; defended by three large forts outside the city (one seen below) and surrounded by a moat. Gothenburg was the only gateway to the North Sea, squeezed between Denmark in the South and Norway in the North. Through many wars, Sweden successfully expanded its borders in both directions.

When the Scandinavian wars were over, and Gothenburg could dismantle its fortifications in 1807, the moats/canals remained and came to dominate the city views (right).

*Kung Gustav II Adolf (1594-1632) grundade Göteborg 1621 på Sveriges västkust. Göteborg hade ett gediget försvarsverk; omgivet av tre fästningar utanför den befästa staden (en synlig nedan) och en vallgrav. Göteborg var på den tiden Sveriges enda utpost vid Nordsjön, inklämd som staden var mellan Danmark i söder och Norge i norr. Efter många krig lyckades Sverige mycket framgångsrikt med att expandera sina gränser i båda riktningarna.*

*När de skandinaviska krigen var över och Göteborg kunde riva befästningarna med början år 1807, fanns kanalerna kvar och har kommit att dominera stadsbilden (höger).*

1. King Gustavs Adolphus / Kung Gustav II Adolf
2. Suecia Antiqua et Hodierna: Gothenburg late 1600.
3. The Grand Canal / Stora Hamnkanalen
4. King's Port Place / Kungsportsplatsen
5. The old Opera House / Stora Teatern

# THE GÖTA RIVER / GÖTA ÄLV

The Göta river runs from lake Vänern (the largest lake in the E.U.) into the North Sea where the city of Gothenburg is situated. The port is the second largest in the Nordic countries.

In the 1950s and 1960s, Sweden was one of the world's leading shipbuilding nations but Swedish shipbuilding has vanished with the increasing competition from Asian countries. The area on the island of Hisingen, where the shipyards once were situated, has largely been transformed into residential/office use.

**Above:** The four-masted steel barque "Viking" built 1906, is now used as a hotel and restaurant. The building on the right ("The Lipstick") is by Ralph Erskine (1914-2005). The photos of the harbour (right) are taken on board the sailing vessel "Götheborg" (Read more on the following pages).

*Göta älv rinner från sjön Vänern (den största sjön i EU) och mynnar ut i Nordsjön där Göteborg ligger. Det är Nordens näst största hamn.*

*På femtio-och sextiotalet var Sverige en av världens ledande varvsnationer, men den positionen är nu helt borta med konkurrensen från länder i Asien. De områden där varven en gång låg har nu omvandlats till bostäder och kontor. Till höger ovan kan man se ön Hisingen (Sveriges femte största ö) där varven låg en gång i tiden.*

**Ovan:** *Den fyrmastade barken "Viking" byggd 1906 av stål används numera till hotell och restaurang. Byggnaden ("Läppstiftet") till höger är av Ralph Erskine (1914-2005). Fotografierna av hamnen (till höger) är tagna ombord på segelfartyget "Götheborg" (Läs mer på följande sidor).*

# THE EAST INDIA VESSEL REPLICA
## OSTINDIEFARAREN

Copies are usually not appreciated as much as the original, the "real thing". But sometimes a copy can be very important indeed, as when a group of enthusiastic Swedes decided to build a copy of a typical Swedish East India vessel. It speaks well of a society that has individuals with such inspiration, vision and energy. Today, the "Götheborg", the result of their combined efforts, is the world's largest sailing ship (there is an engine to help when needed).

The real "Götheborg" sank outside Gothenburg in 1745. Most of the cargo was salvaged over time, but the fate of the vessel has always fascinated.

*Kopior brukar inte vara speciellt unika, det är originalet som har det riktiga värdet. Men ibland kan en kopia vara nog så värdefull som när en grupp entusiaster bestämmer sig för att bygga en kopia av en typisk svensk ostindiefarare från omkring 1750. Det är ett gott betyg för ett samhälle som har individer med inspiration, vision och kraft av detta slag. Ostindiefararen Götheborg är idag världens största seglande träskepp (Det finns en motor som hjälper till när det behövs).*

*Den riktiga "Götheborg" förliste 1745 utanför Göteborg. Man lyckades bärga det mesta av godset så småningom.*

The cannon above is cast after old moulds. They are no longer needed for defence, but are used for ceremonial purposes.

The blue and white china was a very popular commodity. The quality was far superior to what could be produced in Europe at the time.

*Kanonen ovan är gjuten efter gammal förlaga. De behövs inte till försvar numera utan används vid ceremoniella tillfällen.*

*Det blåvita porslinet var mycket populärt. Kvalitén överskred vida vad som kunde produceras i Europa.*

## THE SWEDISH EAST INDIA COMPANY / SVENSKA OSTINDISKA KOMPANIET

The Swedish East India Company was founded in 1731 by Niclas Sahlgren, Henrik König and the Scot, Colin Campbell, one of many Scottish businessmen to successfully establish themselves in Gothenburg. He and three Englishmen acted as supercargos (tradesmen representing the owners) on the first journey. Altogether, the company made 132 expeditions to China using 37 different ships. Large fortunes were made.

*Svenska Ostindiska Kompaniet bildades 1731 av Niclas Sahlgren, Henrik König och skotten Colin Campbell, en av många skottar som med framgång etablerade sig i Göteborg. Han och tre engelsmän var superkargörer (handelsmän som representerade ägarna) på den första resan. Sammanlagt genomförde kompaniet 132 expeditioner med 37 olika fartyg. Denna verksamhet var mycket inkomstbringande.*

# LISEBERG AMUSEMENT PARK

Liseberg Amusement Park is visited by millions every year and it is hard to imagine that it once was a country estate outside Gothenburg. The last private owners were the genteel English family, Nonnen, who had settled here in 1819. Some of the buildings from their time are still there today. When you walk into the park, the two houses in which the Nonnen family lived are still there. In those days it was sometimes difficult to get into the city. The road was not well kept and the family had to wait until the muddy roads were dry.

*Liseberg besöks årligen av miljontals besökare och det kan vara svårt att förstå att Liseberg en gång var en lantegendom utanför Göteborg. De sista privata ägarna var familjen Nonnen, en bildad familj från England som flyttade till Göteborg år 1819. När man kommer in på nöjesfältet finns familjen Nonnens två boningshus kvar på vardera sidan av huvudgatan.*
*Liseberg låg på den tiden långt utanför Göteborg och vägen in till Göteborg var inte alltid farbar. Då fick man vänta tills det blev bättre väder och lervällingen torkat upp.*

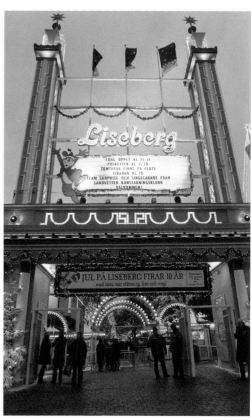

# CHRISTMAS AT LISEBERG
## JUL PÅ LISEBERG

When Liseberg opens for Christmas (November through the month of December), the park is totally transformed by all the lights.

The English Nonnen family, who once lived in the two houses on each side of the road, (above and right) celebrated their Christmas according to English customs with many of their British friends, such as the Dickson family. Together they enjoyed roast beef and plum pudding (Christmas pudding) and they always remembered to toast their absent friends.

*När Liseberg har dekorerat inför Julen är allt som förtrollat.*

*Den engelska familjen Nonnen som en gång bodde här i de två husen på vardera sidan när man kommer in (se ovan och till höger) firade jul på traditionellt engelskt sätt med sina engelska vänner som familjen Dickson. Det serverades (varm) rostbiff och plumpudding och man skålade alltid till "absent friends".*

# LISEBERG IN THE OLD DAYS / LISEBERG FÖRR I TIDEN

An air of refinement suffused the Nonnen home at their Liseberg country estate. The five daughters were interested in writing, reading and painting, reminiscent of the creativity of their near contemporaries, Jane Austen's family. With time, the four unmarried sisters who remained at Liseberg until 1905, became an asset in the cultural life of Gothenburg. They established a literary salon, had a private school and became much loved by pupils and parents alike. Emily Nonnen became a well known writer and translated a variety of books from English and German. The brother Edward was also talented. He studied agriculture and became a much respected expert in the field. He started an agriculture school and introduced modern methods of agriculture to Sweden.

John Nonnen and others in the family were keen gardeners and brought many new flowers to Sweden (like the dahlia). A commercial nursery was later established by the family at Liseberg.

*I familjen Nonnens hem på Liseberg fanns en gammaldags stämning av förfinad bildning och kultur. De fem döttrarna var intresserade av att skriva, läsa och måla och deras kreativitet påminde om den nästan samtida Jane Austen och hennes familj. De fyra ogifta systrarna som bodde kvar på Liseberg till 1905, blev med tiden en stor tillgång för Göteborgs kulturella liv. De hade en litterär salong och en privatskola och var mycket omtyckta av både elever och föräldrar. Emily Nonnen blev en känd författare och översatte många böcker från engelska och tyska. Brodern Edward var också begåvad. Han studerade lantbruk och blev mycket respekterad. Han startade ett lantbruksläroverk på sin lantegendom Degerberg och introducerade många nya metoder till det svenska lantbruket. John Nonnen och hans familj var trädgårdsentusiaster och införde många nya växter (som dahlior) till Sverige. De inrättade senare en handelsträdgård på Liseberg.*

1. Mary Nonnen (1808-1903)
2. Emily Nonnen (1812-1905)
3. Fanny Nonnen-Morgan (1799 -1889) C. P Lehman, Göteborgs Stadsmuseum
4. Edward Nonnen (1804-1862)
5. The Nonnen's home at Liseberg ca 1825 / Familjen Nonnens hem ca 1825
6. Charlotte (1813-1895) and/och Anne Nonnen (1815-1867)
7. John Nonnen (1770-1845)    8. Anna Mathilda Nonnen (1776-1856)
Bilder: Emily E. Nonnen: Systrarna på Liseberg 1922.

# THE JOHN NONNEN STORY

John Nonnen was born in Liverpool. He went from poverty to riches when his uncle in Bremen took him under his wing. There he got an education and became a book-keeper with an important merchant. As the custom was then, he lived with the merchant's family. He made friends among the eleven siblings, married one of them and became a part-owner in the company and made a large fortune.

But the good life was disrupted when Napoleon occupied Germany and the Englishman and his family were forced to leave in 1809. His brother-in-law had already left Bremen and had invested in a sugar refinery in Gothenburg and he convinced John to invest there too. It was a profitable investment and John and his family left for London and for ten years they lived there until he was needed to "save" his investment by running the company himself. That is how John Nonnen and his six children ended up in Gothenburg in 1819.

*John Nonnen föddes i Liverpool. Från att ha varit fattig som pojke blev han en förmögen ung man efter det att hans morbror i Bremen tagit hand om honom. I Bremen fick han en utbildning och blev bokhållare till en betydelsefull köpman och som seden var, bodde han i köpmannens familj. Han fick vänner bland de elva syskonen, gifte sig med en av dem och blev delägare i firman och skapade sig en stor förmögenhet.*

*Men det goda livet upphörde när Napoleon ockuperade Tyskland och John Nonnen som var engelsman var tvungen att ge sig av 1809. Hans svåger hade redan lämnat Bremen och investerat sina pengar i ett sockerbruk i Göteborg och han övertygade John Nonnen att göra samma sak. Det var en god investering och John med familj gav sig iväg till London där de bodde gott i tio år tills han blev tvungen att "rädda" sin investering i Göteborg genom att ta över ledningen på sockerbruket. Det var på så sätt John Nonnen och hans sex barn hamnade här i Göteborg år 1819.*

9. The Nonnen house is still here but today used as a restaurant, and a large Ferris wheel looms behind it.

10. The small gazebo where Emily Nonnen wrote her books has been preserved, but it is no longer quiet here. A roller-coaster track runs right behind it. What would the Nonnens think of all this if they could time travel?

*9. Nonnens hus finns bevarat men det används idag som restaurang och ett stort pariserhjul reser sig bakom det.*

*10. Det lilla lusthuset där Emily Nonnen brukade skriva sina böcker är bevarat men det är inte så lugnt längre. Berg-och-dalbanans räls går precis bakom huset. Vad skulle familjen Nonnen tycka om allt detta, om de kunde resa i tiden?*

# LISEBERG ART /KONST

The amusement rides dominate Liseberg but there are fine sculptures and plantings to be enjoyed. A tasteful mix.

*Åkattraktionerna dominerar på Liseberg men det finns också vackra skulpturer och planteringar att njuta av. En fin blandning.*

1: "Triton" Carl Milles 1923 (from the Jubilee exhibition 1923 / Jubileumsutställningen 1923)
2.: "Dance" / Dans" Axel Wallenberg 1950
3. "Youth" / "Ungdom" Carl Eldh
4. "Happy Players" /"Muntergökar"
David Wretling 1952
5. The new Ferris wheel / Nya Pariserhjulet
6. The fountain built in front of the old Nonnen house / Fontänen som befinner sig mitt framför det gamla Nonnen huset.

G.W Palm 1833

# ÖRGRYTE OLD CHURCH / ÖRGRYTE GAMLA KYRKA

This country church (parts of it date back to around 1200) could once be seen from the Nonnen's house at Liseberg. Then there were cows and meadows surrounding it. Today, viaducts and off and on ramps with the accompanying roar of traffic surround the massive granite wall around the churchyard. The date 1748, on the outside, refers to when the church tower was built.

The ceiling is made from wood planks and painted by Johann Ross and his apprentice Michael Carowsky in 1741. It depicts the Last Judgement and is painted in a naive manner. Some of the people have very strange proportions and seem rubbery, having no skeleton. Some scenes are quite scary.

Church attendance was once compulsory and many parishioners walked very far on Sunday. Having worked long days, six days a week, some fell asleep. But they were poked awake by a warden who walked around carrying a long wooden rod. When they woke up, and looked up, they saw the frightening Last Judgement hovering above them in the ceiling.

*Denna kyrka på landet (delar av den är från 1200-talet) kunde familjen Nonnen se från sitt hus på Liseberg. Då omgavs den av ängar och betande kossor. Idag omges kyrkogårdens massiva stenmur av viadukter och av-och-på-ramper samtidigt som trafiken dånar förbi mycket nära. Årtalet 1748 avser det år som kyrktornet byggdes.*

*Målningen i trätaket i kyrkan är av Johann Ross och hans lärling Michael Carowsky 1741. Den skildrar den yttersta domen och är målad i en naivistisk stil. En del av människorna har underliga proportioner, de tycks vara lite gummiaktiga utan skelett. Vissa scener är riktigt skrämmande för vissa besökare.*

*En gång i tiden var alla tvungna att gå i kyrkan på söndagar. När Majorna tillhörde Örgryte fick många människor gå långa sträckor. Efter långa arbetsdagar, sex dagar i veckan somnade folk ofta. Men en vaktmästare gick omkring med en lång stör och väckte de som somnat. När de vaknade till såg de den skrämmande yttersta domen i takmålningarna.*

The churchyard contains a lot of Gothenburg history. Two Dickson brothers from Montrose in Scotland (James 1784-1855 and Robert 1782-1858) settled here. They were important businessmen and philanthropists (family grave right). Below is the grave of Axel Jonsson and his wife Ragnhild (my great grandfather and great grandmother). He ran a very successful wood export business for an ever expanding Victorian England.

*Kyrkogården innehåller mycket Göteborgshistoria. Bröderna Dickson från Montrose i Skottland (James 1784-1855) och Robert (1782-1858) flyttade till Göteborg. De var betydande affärsmän och mecenater (familjegrav till höger).*
*Nedan är Axel Jonssons grav (min morfars far). Han exporterade bl.a trävaror till ett expansivt England med mycket stor framgång.*

# GÖTAPLATSEN

Götaplatsen is the cultural center of the city. It was inaugurated in 1923 in conjunction with the Gothenburg Jubilee exhibition celebrating the city's 300th anniversary. Here we find an art museum, an art exhibition hall, a city library, a theatre and a concert hall.

*Götaplatsen är stadens kulturella knutpunkt och invigdes 1923 i samband med jubileums-utställningen för stadens 300-årsjubileum. Här finns teater, konserthus, konsthall och ett konstmuseum.*

1. **Victor Hasselblad**
Ulf Celén, cast /gjutning Göran Samuelsson 2006.
2. **Karin Boye**, author/författare.
Peter Linde 1987.
3. **City Theatre / Stadsteatern** 1934 Carl Bergsten
4. **Art Museum/Konstmuseet** 1923 Sigfrid Ericsson
5. **Poseidon**, Carl Milles 1927-31
**The Concert Hall/Konserthuset** 1935 Nils Einar Ericsson

# 1927 THE POSEIDON FOUNTAIN / POSEIDONBRUNNEN

When the sculpted basin above by Carl Milles (one of the world's most prominent sculptors) was finished in 1927, the seven meters (twenty-three feet) tall naked Poseidon was not there. The city officials wanted something imposing that could be seen from downtown so they asked Carl Milles to go to work. The enormous Poseidon was placed in the middle of the fountain basin four years later. But some prudish citizens thought Poseidon indecent and disproportionate. There were some heated discussions. But Poseidon remained in place.

Poseidon is imposing, but with his seven meters, he totally and unfairly dominates the other figures in the water below and around the fountain basin. As a visitor, one must make an effort to mentally disconnect the giant for a while and study the lesser, wonderfully sculpted figures: tritons, mermaids, mermen, satyrs, dolphins, various fish and a unicorn.

*När "Brunnskaret" av Carl Milles (en av världens mest ansedda skulptörer) invigdes 1927 fanns inte den sju meter långe Poseidon i mitten. Stadens styrande tyckte att de ville ha något pampigt på Götaplatsen, något som skulle synas på långt håll, så Carl Milles fick ett nytt uppdrag. Den enorme Poseidon placerades mitt i brunnen (karet) först fyra år senare. Men han stötte på patrull bland stadens pryda invånare som tyckte att Poseidon var för oanständig och oproportionerlig. Det blev en hel del heta diskussioner.*

*Poseidon är visserligen mycket ståtlig med sina sju meter, men han dominerar de andra figurerna runt brunnen och de kommer inte till sin rätt som det var tänkt från början. Som besökare bör man därför anstränga sig lite, koppla bort jätten en stund och studera alla de mindre figurerna: tritoner, najader, fiskar, sjöjungfrur, diverse sjöodjur och en enhörning.*

**IN THE SHADOW OF A GIANT:** Four years later (1931), Poseidon was bolted on to the bottom of the fountain basin. After that the other sea creatures had to live in the shadow of a giant.

*I SKUGGAN AV EN JÄTTE: Fyra år senare (1931) bultades Poseidon fast i brunnskaret. Därefter fick de andra figurerna leva i skuggan av en jätte.*

Those who were concerned about the indecency of Poseidon had evidently not looked carefully at the orgiastic goings on around the fountain basin.

*De som klagade på Poseidons oanständighet hade tydligen inte studerat de orgier som försiggick runt brunnskaret.*

# THE DANCERS
## DANSERSKORNA 1915

In the beginning of the twentieth century, a new phenomenon emerged called "free dance", which fascinated the sculptor Carl Milles. Free and natural movements inspired by the classical Greek arts, folk dances, social dances, nature and natural forces were of central importance. Milles created several sculptures based on this theme.

This sculpture stands on the terrace outside the Art Museum at Götaplatsen. We are fortunate to have so many sculptures in Gothenburg by this talented sculptor.

*I början av nittonhundratalet uppkom något som kallades "fri dans", fria och naturliga rörelser inspirerade av den grekiska konsten. Detta fascinerade skulptören Carl Milles som gjorde ett flertal skulpturer av dansande kvinnor.*

*Denna skulptur står på terassen utanför Konstmuseet på Götaplatsen. Vi kan vara mycket stolta över att ha så många fina skulpturer i Göteborg av denna fina skulptör.*

Carl Milles (1875-1955)

# THE TELEGRAPH COMPANY 1912
## TELEGRAFVERKET 1912

The telegraph company was a relatively young government agency and the new head office in Gothenburg, finished in 1912, was very impressive. It took three years to build and had the character of an old fort, typical of the architect Hans Hedlund's National Romantic style which was common in the Scandinavian countries at this period. The inspiration came from medieval and prehistoric Nordic subjects.

It was important to use domestic materials, such as Swedish granite and bricks and also Swedish animals. Lions were common on buildings in Gothenburg but Hedlund preferred Swedish swallows, bears, eagles and dogs. There was also a strong preference for genuine craftsmanship.

At a distance, the building of grey granite and red bricks can seem a bit on the dark side, especially on a cloudy day; but if you look closer, there is a lot to discover. Note the fine craftsmanship in the details on the granite tower opposite. Granite is not as soft as limestone and much harder to work.

(The picture above, center, is from a postcard of the period. The granite eagles, details from the doorway on page 28).

*Telegrafverket som var en ny statlig myndighet byggde nytt i Göteborg och det blev ett pampigt bygge. Byggnaden som tog tre år att bygga (färdig 1912) fick karaktären av en borg, typiskt för arkitekten Hans Hedlunds nationalromantiska stil som då var vanlig i de nordiska länderna. Inspiration fick arkitekterna ofta från medeltida eller förhistoriska ämnen.*

*I sann nationalromatisk anda användes svensk granit i olika former och svenskt tegel. Här hittar vi inte "utländska" lejon på fasaden som är så vanligt på många andra fasader i Göteborg. Här finns bara svenska djur, svalor, hundar, björnar. Här finner vi även det fina hantverket, så utmärkande för nationalromantiken.*

*Tyvärr ser byggnaden lite mörk och murrig ut på håll, särskilt på en mulen dag, men tittar man närmare finns här mycket att upptäcka, som de skulpterade detaljerna i "granittornet". Granit är ett betydligt hårdare material att arbeta i än till exempel kalksten.*

*(Bilden ovan är ett vykort. Örnarna av granit är detaljer från portalen på sidan 28).*

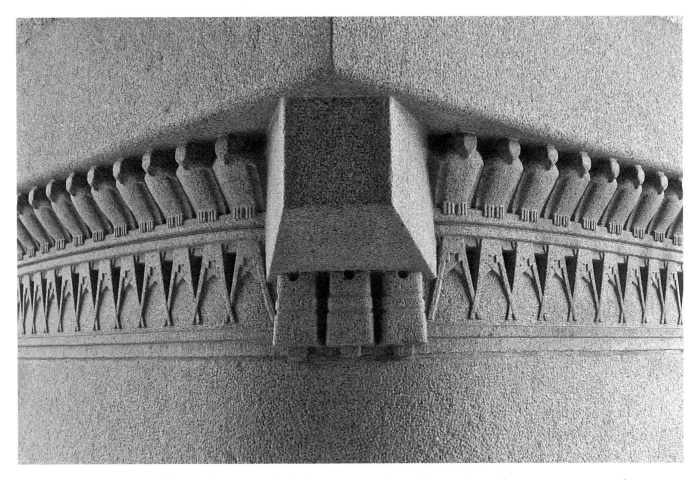

# SWEDISH GRANITE AND SWEDISH SWALLOWS
## SVENSK GRANIT OCH SVENSKA SVALOR

The architect carefully specified the various materials and insisted on the right colour of granite. The massive pillar, above and left, is most impressive and the decorations carved from Swedish granite are certainly not inspired by anything foreign but distinctly Swedish - the swallows and the dogs, leisurely leaning against the pillar. Odd that dogs seldom are found as decorations on buildings, despite them being regarded as man's best friend. The granite doorway and bay window are impressive. Note the fine design and metal crafts-manship of the door. See more on pages 34-35.

*Arkitekten var mycket noga och specificerade exakt vilken sorts granit det skulle vara. Den massiva pelaren till vänster och ovan är mycket imponerande och dekorationerna som är huggna i svensk granit är definitivt inte inspirerade av något utländskt. Svalorna sitter tätt på rad och hundarna lutar sig lite lojt mot pelaren.*

*Egendomligt att hundar, som anses vara människans bästa vän, sällan förekommer som dekorationer på hus.*
*Dörrportalen och det massiva burspråket är fina arbeten. Notera det fina metallarbetet på dörren. Mer på sidorna 34-35.*

The bears and also the dogs on previous pages are sculpted by Carl Fagerberg (1878-1948).
Note the finely chiselled decorations. These are such details that make this building so interesting and valuable. The building is now "listed".

*Björnarna (och även hundarna på föregående sida) är skulpterade av Carl Fagerberg (1878-1948).*
*Notera den fina bården som huggits i granit. Det där lilla extra är bara en av många dekorationer som gör denna byggnad så intressant och värdefull. Den är nu ett byggnadsminne.*

 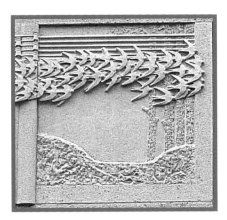 

# A CHALLENGE TO THE SCULPTOR CARL ELDH
## EN UTMANING TILL SKULPTÖREN

Today, we might not realize the importance of telegrams at the beginning of the twentieth century. Telegrams had revolutionized people's lives and opened up their existence just as mobile phones and e-mails have for us today. Telegrams were the beginning of a revolution in human communications and worthy of a nice frieze for this new government agency.

The sculptor's task was not the easiest in the world. It was to create something that reflected the sending of a telegram. But how to go about it?

The sculptor Carl Eld decided to do something symbolic. On the frieze, (above) a man holds a swallow in his hand which he sends away. The swallow flies with other swallows around the corner of the building (note the telegraph wires) and the swallow arrives at a sitting woman and there the woman receives the message.

Perhaps a carrier pigeon would have been more appropriate, but the architect seems to have preferred swallows in several forms on this building (maybe a bit more elegant than pigeons).

Both the woman and the man are naked, but Carl Eldh subjects are often naked. One of his sculptures of the Swedish writer August Strindberg is also naked.

*Vi har idag svårt att greppa betydelsen av ett telegram, men i början nittonhundratalet hade telegrafin revolutionerat människors liv och öppnat upp deras tillvaro precis som telefon och e-post gjort för oss. Telegrafin var början på en revolution inom mänsklig kommunikation och naturligtvis värdig en fris i granit på det nya svenska statliga verket. Skulptören Carl Eldhs uppdrag var inte det lättaste. Han skulle göra något som illustrerade skickandet av telegram.*

*Carl Eldh bestämde sig för att göra något symboliskt. En man håller i en svala (se ovan) som han skickar iväg och en kvinna tar emot den. Svalan flyger i flock med andra svalor runt hörnet på huset (notera trådarna) till en sittande kvinna och till vilken den på något sätt överlämnar mannens meddelande. Det borde kanske varit en brevduva istället om han skulle varit mer "korrekt" men arkitektens tema för byggnaden var ju just svalor (kanske lite mer eleganta än duvor). Så svalor blev det.*

*Både mannen och kvinnan är nakna, men Carl Eldh valde ofta nakenheten i sina verk. En av hans Strindberg-skulpturer är också naken.*

# AN IMPORTANT CENTER OF COMMUNICATION
## ETT VIKTIGT KOMMUNIKATIONSNAV

Millions of people have walked, over the years, through the four heavy copper doors (left) of the Telegraph Company to send and receive telegrams and to make phone calls. All this occupied a lot of workers. In the 1920s a thousand switchboard operators worked here and in 1928, the first call was made to America.

This was a most important institution at a time when letter writing was the only way to communicate and later, when the telephone was invented, very few had a phone of their own so this was the place to make a phone call. Consider that when picking up the personal cell/mobile phone!

**Left:** The entrance with the copper doors and above them is some fine leaded glass and more swallows in the Jugend and Arts-and Crafts inspired ceiling (detail right).

Miljontals människor har genom åren passerat de välvda och rikt dekorerade fyra koppardörrarna på telegrafverket (vänster) för att skicka telegram och ringa telefonsamtal. Allt detta sysselsatte många. På tjugotalet arbetade här tusen telefonister. 1928 ringdes det första samtalet till Amerika.

Telegrafen och televerket var en viktig inrättning när det enda sättet att kommunicera var via brev. När telefonen uppfanns senare, var det ytterst få som hade råd med en egen telefon. Då kom man hit för att ringa. Det är något för oss att tänka på när mobilen plockas upp ur fickan.

**Vänster:** Ingången med koppardörrarna och ovanför dem finns ett vackert blyinfattat glasarbete och mer svalor (närbild till vänster) i det jugend och Arts-and Crafts inspirerade taket.

# FINE CRAFTSMANSHIP / GENUINT HANTVERK

The National Romantic style valued genuine craftsmanship just as the Arts-and-Crafts movement did. The fine metal works on the doors have a Tolkien's "Lord of the Rings" feel. It must have been a fertile period for skilled craftsmen. No skimping on money anywhere.

Below: a finely chiselled pattern from the bear staircase p.30.

*Nationalromantiken satte värde på det genuina hantverket precis som Arts-and-Crafts rörelsen. Det fina metallarbetet har en John Bauer-eller Tolkien-känsla. Det måste ha varit tillfredsställande att arbeta som konstnär på den tiden. Här sparades det inte på pengar minsann.*

*Nedan: en fint uthuggen bård från trappan vid björnarna s.30.*

# THE TOMTE (GNOME) HOUSE / TOMTEHUSET 1890

This city villa on Vasagatan is one of the most beloved houses in Gothenburg.

Ordinarily, a massive stone building would have been built here, but the seller sold the lot with a height restriction, and the architects, Hans Hedlund, Yngve Rasmussen and the fresco artist Thorvald Rasmussen seem to have enjoyed doing something special, spirited and decorative.

*Denna stadsvilla på Vasagatan är ett av de mest omtyckta husen i Göteborg.*

*I normala fall skulle det ha byggts ett massivt stenhus här, men säljaren av marken hade stipulerat en maxhöjd och arkitekterna Hans Hedlund, Yngve Rasmussen och freskomålaren Thorvald Rasmusson tycks ha roat sig med att skapa ett väldigt speciellt och dekorativt hus.*

The frescoes with gnomes or "tomtar" describe the occupations of those who lived in the house, a newspaper editor, and a photographer.

A "tomte" was, in Swedish folklore, a small usually benign creature, that looked after the farm and animals. Tradition had it that the "tomte" got a bowl of porridge for Christmas and as the porridge was eaten up (probably by some animal), it reinforced the existence of this creature.

*Väggmålningarna med tomtarna beskriver de yrken som de boende i huset var verksamma inom: en tidningsredaktör och en fotograf.*

*En tomte ansågs i folkliga traditioner vara en oftast godsinnad liten gubbe som vakade över gården och djuren. Sedvänjan var att belöna honom med en tallrik risgrynsgröt till jul och när gröten var uppäten (förmodligen av något djur) förstärktes tron på tomtarnas existens.*

# THE FOOD HALL / SALUHALLEN 1888

For many years, meat and other food products were sold off open carts outdoors. This practice was not particularly sanitary and eventually this indoor food hall was built in 1888.

The architect was Hans Hedlund (with Victor Adler and J.G Richert). The builder and manufacturer of the cast iron was Göteborgs Mekaniska Verkstad, also called "Keiller's workshop", as the company was founded by the Scot Alexander Keiller (1804-1874). This company produced a large number of cast iron products such as the massive candelabras (left) for the King's Port Bridge.

Today the food hall has many shops and restaurants and is very popular with the local population and tourists.

*Förr var det vanligt att sälja frukt och kött från öppna kärror i det fria. Det var inte speciellt hygieniskt och därför byggdes denna saluhall 1888.*

*Arkitekten var Hans Hedlund (med Victor Adler och J.G. Richert). Byggherre och tillverkare av gjutjärnet som användes, var Göteborgs Mekaniska Verkstad, även kallad "Keillers verkstad" efter skotten Alexander Keiller (1804-1874) som grundat företaget. De producerade en mängd olika gjutjärnsprodukter som de massiva kandelabrarna på Kungsportsbron (vänster).*

*Idag har saluhallen många affärer och restauranger och är mycket populär bland stadens invånare och turister.*

# GOTHENBURG VINTAGE TRAMS /VETERANSPÅRVAGNAR

In 1879, the first trams were drawn by horses. In 1904 they became electric. These vintage trams still run between the Central station and Liseberg Amusement Park during the summer months and when Liseberg is open for the Christmas season.

*De första spårvagnarna 1879 var hästdragna och 1904 kom de elektriska. På sommaren och andra tider när Liseberg har öppet, kan man åka med Göteborgs äldre numera pensionerade spårvagnar. Det är en ideell förening (Ringlinjen), som står för driften och underhållet.*

The tram conductor moved all over the tram to receive payment from new passengers. This fold-down seat was his when there was a chance to sit down for a rest.

*Konduktören förflyttade sig över hela spårvagnen för att ta betalt av nypåstigna. Denna nedfällbara stol fanns om han fick en chans att sätta sig ned en stund och vila lite.*

In Gothenburg, newer trams have all been named with historical or celebrity names. The tram above is named after David Carnegie Sr. (1772-1837) and David Jr. (1813-1890), both wealthy Scottish-Swedish businessman who rose to prominence in Gothenburg.

*I Göteborg har alla nyare spårvagnar fått namn efter historiska eller kända svenskar. Spårvagnen ovan har fått namnet efter David Carnegie d.ä (1772-1837) och David Carnegie d.y (1813-1890), båda förmögna skottsk- svenska affärsmän som blev mycket kända i staden.*

# THE GARDEN SOCIETY OF GOTHENBURG
## TRÄDGÅRDSFÖRENINGEN

The Garden Society of Gothenburg is one of the best preserved early 19th century parks in Europe. It has a fine palm house and lovely walks in the park or in the shaded woodland areas along the canal/moat and waterfront. The fine rose park is a must-see.
    The cacti (right) might inspire Californians who, in the midst of a long-running drought, now must strictly conserve water, and plant indigenous plants in place of the traditional water hungry lawns. In Sweden the cacti are stored indoors during winter.

*Trädgårdsföreningen är en av de mest välbevarade artonhundratalsparkerna i Europa. Där finns ett fint palmhus, underbara promenadstråk i parken eller i lummiga woodland längs kanalen. Rosparken är mycket omtalad. Kaktusarna (höger) kanske kan inspirera de torkdrabbade i Kalifornien som nu gräver upp sina gräsmattor och planterar inhemska succulenter och kaktusar istället. Men dom slipper ta in dom till vinterförvaring som vi i Sverige måste göra.*

# HAGA

This charming area of Gothenburg, called Haga, was once threatened by total demolition. The city had bought most of the properties, had stopped any building after 1930, and was determined to rebuild with modern houses. Many of the city officials who had themselves grown up here in overcrowded and unsanitary flats, were determined to see these houses torn down. But others wanted to save Haga. They did not want the kind of modern, nondescript houses that were being built far away from central Gothenburg in "new" areas. The protests became very strong, and in the 1970's the city relented. Haga would not be razed. Many houses were beyond repair, but were replaced by replicas or buildings that fit in nicely with the rest. Today the flats have been made bigger with all modern conveniences. It is now a popular place to live and visit.

*Denna charmiga del av Göteborg som kallas Haga var en gång utdömd och hotad av rivning. Kommunen hade köpt upp de flesta fastigheterna och hade stoppat all nybyggnation sedan 1930. Det var planerat att bygga nya moderna hus här. Många av dem som bestämde i kommunen hade själva vuxit upp här i överfulla och ohygieniska lägenheter och de ville inte ha kvar sådana bostäder. Men det fanns andra som ville rädda Haga. De ville inte ha de karaktärslösa hus som byggdes i de "nya" stadsdelarna (miljonprojektet) långt utanför Göteborg. Protesterna växte och på sjuttiotalet fick kommunen ge efter. Haga skulle inte rivas. Många hus kunde inte behållas men de ersattes av liknande eller hus som passade in med de andra. Idag har lägenheterna blivit större och har alla moderna bekvämligheter. Det är numera ett populärt område att bo i eller besöka.*

**Above:** Before the decision to preserve Haga, the area was run down and many houses had been torn down. But many buildings were saved.

*Ovan: Innan Haga räddades var hela stadsdelen nedgången. Många hus hade redan rivits. Allt tycktes hopplöst, men många hus kunde bevaras.*

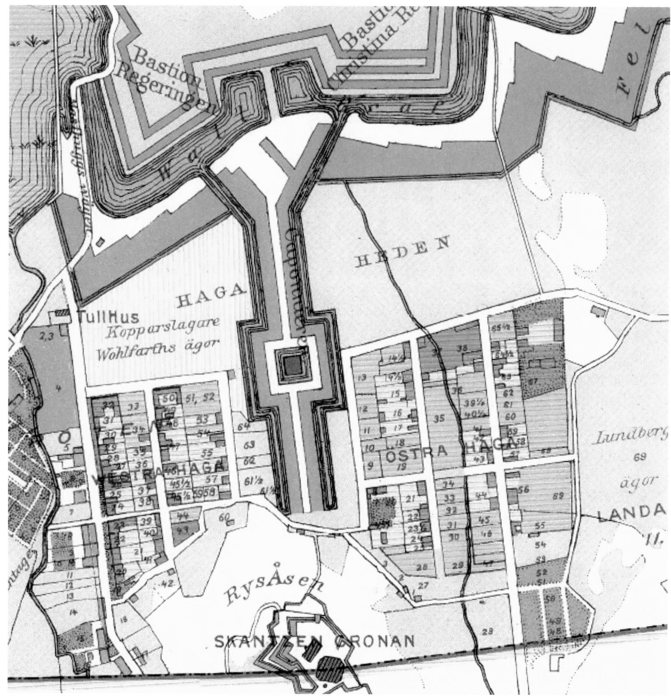

Haga 1790. Historiskt Kartverk över Göteborg upprättat för Jubileumsutställningen 1923 av andre stadsingenjören A. Södergren.

Outside the fortified Gothenburg, Haga, the first "suburb", was established by Queen Christina (1626 - 1689) for fishermen and boatsmen on the condition that it could be torn down in case of war. The authorities did not want to risk that the houses could be used for shelter by the enemy. People here lived right below the massive "Skansen Kronan", one of the three forts that defended Gothenburg. They were, perhaps, reassured by the large cannons aimed at the Danes. Gothenburg was extremely well defended.

It was important that soldiers could move between the fortified city and the fort, Skansen Kronan. On the 1790 map (left) one can see the "caponier", a covered causeway with a surrounding moat on each side. It went from the fortified city, across Haga to the fort (some houses had to be sacrificed). It provided safe passage for military personnel. The blue colour denotes the moat and the orange squares are houses where people lived.

(The picture above is a period postcard.)

*Drottning Kristina (1626-1689) etablerade Haga för fiskare och båtsmän på ett villkor, att stadsdelen kunde rivas om det blev krig. Myndigheterna ville inte riskera att fienden skulle använda sig av bostäderna. Folk bodde här, i Göteborgs första förstad, rakt under Skansen Kronan, en av de tre fästningar som försvarade Göteborg. De kände sig kanske säkra så nära kanonerna som var riktade mot danskarna. Göteborg hade ett mycket starkt försvar.*

*Det var viktigt att soldaterna kunde förflytta sig mellan den befästa staden och Skansen Kronan. På kartan från 1790 (vänster) kan man se "kaponjären", en täckt passage med vallgravar på varje sida som går från den befästa staden till Skansen Kronan. En del hus fick naturligtvis offras. Tyvärr delade den Haga i två delar, men militären kunde nu förflytta sig säkert. Det blå på kartan är vallgravar, det orangea är bostäder.*

*(Kortet ovan är ett äldre vykort)*

**Left:** A refurbished, typical house built for workers during the period 1875-1910. The first floor was brick and the two upper stories of wood. They were a fire hazard, but brick buildings used more land. The flats were very small and large families had to cram themselves into them. There were no bathrooms and toilets. Bathing had to be done in public baths and there were outhouses in the court yards.

**Above:** The red brick buildings are socially interesting. Those and many more houses were subsidized flats for workers and built by the Scottish businessman and philanthropist, Robert Dickson (p.17). His son James shared his philosophy and started a library for workers and later built a new library nearby (p.52). They and other countrymen such as Alexander Keiller (1804-1874) and William Gibson (1783-1857) had made great fortunes during the industrial revolution in Sweden and assumed a social responsibility. Their substantial donations have left their marks in various places of Gothenburg.

*Vänster: Ett numera renoverat hus byggt för arbetare under perioden 1875-1910. Den första våningen var av tegel och de två övre våningarna var av trä. Det ansågs visserligen brandfarligt med ett så högt hus av trä men godkändes ändå eftersom man bättre kunde utnyttja tomtmarken med detta så kallade "landshövdingehus". Lägenheterna var små och stora familjer fick klämma ihop sig i ett enda rum. Det fanns inga badrum eller toaletter inomhus Det var "dass på gården" som gällde. Bada fick man göra på en offentlig badinrättning.*

*Ovan: Tegelbyggnaderna (brandsäkrare) är intressanta av sociala skäl. De var subventionerade arbetarbostäder som byggdes av skotske affärsmannan och mecenaten Robert Dickson (s.17). Hans son James Robert instiftade ett bibliotek för arbetare och byggde senare även ett bibliotek i Haga i folkmun kallat för "Dicksonska"(s.52). Dessa män och deras landsmän bl.a Alexander Keiller (1804-1874) och William Gibson (1783-1857) tjänade enorma summor under den industriella revolutionen men kände samtidigt ett socialt ansvar. Deras avsevärda donationer har lämnat spår på många håll i Göteborg.*

During the Industrial Revolution which, in Sweden began around the middle of the nineteenth century, many workers moved to Haga. The new factories needed workers but the cities were ill prepared for the onslaught of people who moved in from the countryside.

In Haga, single story wooden houses were initially built for workers but were after 1875, replaced by three story buildings "landshövdingehus" (left and p. 47). They had some decorative elements but were in sharp contrast to the massive, decorated stone and brick buildings built for the increasingly wealthy middle class elsewhere in the city (p.58)

In Haga, a family with many children shared one room and a kitchen. As the rest of Gothenburg began installing indoor WCs, (water closets) from 1907 and on, these flats remained primitive with outhouses until the city, in the 1980's, decided to "save" old Haga and the renovation process began.

Today around 4,000 people live here in more spacious flats with indoor toilets and central heating. But during the primitive and overcrowded era there were 10,000 more people living here (a total of 14,000 people) and Haga had a rough and "bad" reputation. It was far from picturesque. There was no privacy in the overcrowded flats. There was a lot of drunkenness. People worked long hours six days a week under harsh and unsafe conditions. One such factory has been saved (rescued as Haga was) and is now a living museum(page 54).

The workers in Haga were near the closest factory. Just across the canal was the Rosenlund Spinneri, a cotton spinning factory.

*Arbetarna i Haga hade Rosenlunds Spinneri på nära håll. Tvärs over kanalen låg detta bomullsspinneri.*

(Göteborgs Stadsmuseum)

There were many other factories. This textile machine is from a factory on page 54.

*Det fanns många andra fabriker. Denna textil-maskinen är från en remfabrik på sidan 54.*

Många arbetare flyttade till Haga under den industriella revolutionen som i Sverige började i slutet av artonhundratalet. De nya fabrikerna behövde arbetare, men städerna var inte förberedda på de stora inflyttningarna av människor.

I Haga byggdes det från början enplanshus, men ersattes efter 1875 av så kallade landshövdingehus (vänster och s.47) avsedda för arbetare. De hade vissa dekorativa element som lånats från elegantare hus, men de skilde sig avsevärt från de massiva dekorerade stenhusen som byggdes för den alltmer förmögna medelklassen i stenstaden (s.58).

I Haga kunde en familj med tio barn tvingas samsas i ett rum och kök. När resten av Göteborg så småningom fick WC (vattentoalett inomhus) från och med 1907, förblev arbetarnas lägenheter primitiva med "dass på gården". De förblev så ända tills in på 1980-talet när Haga skulle "räddas" och moderniseringen började. Många mindre lägenheter slogs samman till större enheter.

Idag bor här 4.000 människor med toalett inne och fjärrvärme, men under den primitiva och överbefolkade tiden bodde här ytterligare 10.000 personer (totalt 14.000 människor). Haga hade då ett dåligt och våldsamt rykte med mycket fylleri. Det var långt från pittoreskt. I trångboddheten fanns inga privata sfärer och man arbetade långa dagar, sex dagar i veckan, ofta i mycket riskfyllda miljöer.

En sådan fabriksmiljö har sparats till eftervärlden och fabriken är nu ett levande museum i Gårda (se sidan 54).

# THE DICKSON PEOPLE'S LIBRARY
## DICKSONSKA FOLKBIBLIOTEKET

For many years until 1967, the main library in Gothenburg was called the "The Dickson People's Library". The library started in 1861, when socially conscious James Robertsson Dickson (1810 - 1873), the son of Scottish immigrant Robert Dickson, started a library for workers in a flat in Haga. Dickson supported the library financially during his lifetime and when he died, there were funds for a new, larger library. In 1897, a free standing impressive library in the National Romantic/ Jugend style was built nearby in Haga. The architect was the prominent Hans Hedlund.

This library was unique in that it was the first people's library in Scandinavia and visitors arrived from abroad to study this new phenomenon. It was open to all social classes, but mainly aimed at the working class, and no fees were charged. This patriarchal care for workers is especially interesting today when the social safety net partly has disappeared against an increased income disparity.

*I många år tills 1967, var Dicksonska folkbiblioteket Göteborgs huvudsakliga bibliotek. Biblioteket hade grundats 1861 av den socialt medvetne James Robert Dickson (1810-1873) i en lägenhet i Haga. Han var son till den skotske invandraren Robert Dickson som byggt arbetarbostäder i bl.a Haga (s.50). James Robert Dickson hade stått för samtliga kostnader för biblioteket under sin livstid och när han dog fanns det pengar till en nytt bibliotek. År 1897 byggdes ett helt fristående nytt bibliotek i nationalromantisk/ jugend stil i Haga. Arkitekt var den framstående Hans Hedlund.*

*Biblioteket var unikt, det var det första folkbiblioteket i Norden och besökare anlände från när och fjärran för att studera detta nya fenomen. Det var tillgängligt för alla klasser men främst avsett för arbetarklassen och det var helt kostnadsfritt. Detta patriarkaliska intresse för arbetare är intressant, speciellt idag när det sociala skyddsnätet urholkats och inkomstklyftorna ökar alltmer.*

In 1893, the architect, Hans Hedlund, returned from a trip to America influenced by the American architect Henry Hobson Richardson and his "Richardsonian Romanesque" style which was characterised by 11th and 12th century southern European Romanesque arches and cylindrical towers with conical caps. This explains why we find a people's library in the working class neighbourhood of Haga looking like a small medieval castle.

*Arkitekten Hans Hedlund for till Amerika 1893 och återvände starkt påverkad av den amerikanske arkitekten Henry Hobson Richardson. Den "Rickardsonska romanska stilen" karakteriserades av sydeuropeiska romanska valv (från 1200-1300-talet) med cyllindriska torn och koniska tak. Det är förklaringen till varför biblioteket i arbetarklass-stadsdelen Haga ser ut som ett litet medeltida slott.*

# THE INDUSTRIAL BELT FACTORY / GÅRDA REMFABRIK

Gothenburg once had an extensive textile industry and great fortunes were made. This factory was rescued from destruction and is now a museum. The machines still function and it is fascinating to see them at work. However, they are no longer powered via a coal fired central steam engine.

When so much of our industrial production has left Sweden, we need to know our industrial heritage and all that goes with it. This factory serves as a reminder of what we once had. Those who fought to save this factory deserve our gratitude. The factory is "listed".

*Göteborg hade en gång en mycket omfattande textilindustri och ägarna blev mycket förmögna. Remfabriken är ett av de mest intressanta museer vi har i Göteborg. Maskinerna används fortfarande och det är fascinerande att se dem arbeta. De drivs inte längre av en centralt belägen koleldad ångmaskin.*

*Nu när så mycket tillverkning flyttat utomlands behöver vi känna till vår industriella historia och all annat som är förknippat med den.*
*Så ett stort tack till de eldsjälar som arbetat för att bevara remfabriken som nu är ett byggnadsminne.*

# RISKY BUSINESS /RISKFYLLD REMDRIFT

Work in this factory started 1889 and was extremely dusty, noisy and dangerous. Many were injured. England had its industrial revolution much earlier than Sweden and could by the time that Sweden and other countries got started, therefore sell the machinery needed for industrial production, especially of textiles.

The power to the machines came from a central steam engine placed in a separate building. The power was delivered to the machines through a large and complex transmission system of axles and bands (detail top right) that went up through the three floors and out to each and every machine. This factory made the belts needed for the transmission systems used by other factories. All these axles and belts running up through the floors and along the ceilings must have made a terrible racket. (Left: belts can still be made today in the living museum)

*Det var dammigt och en mycket hög ljudnivå i den här fabriken som öppnade 1889. Många skadades. Englands industriella revolution kom mycket tidigare än den svenska och England kunde därför sälja maskinell utrustning till Sverige och andra länder när dessa började sin industriella produktion, främst inom textilindustrin.*

*Maskinerna fick sin kraft från en centralt belägen ångmaskin, placerad i en separat byggnad. Kraften levererades till maskinerna genom ett stort och komplicerat transmissionssystem bestående av axlar och band (detalj ovan höger) som gick upp genom alla tre våningar och ut till alla maskinerna.*
    *Denna fabrik vävde sådana remmar som behövdes av alla andra fabriker för kraftöverföringen. Alla dessa axlar och remmar förde ett väldigt oväsen. (Vänster: Remmar kan fortfarande vävas i det levande museet)*

This factory bought their machines from Robert Hall & Sons Bury Ltd. in Bury (near Manchester). These cast-iron machines have a certain elegance and dignity  but it is equally certain that the people who worked them don't miss the terrible noise they once made.

*Remfabriken köpte alla sina maskiner från Robert Hall & Sons Bury Ltd i Bury (nära Manchester). De som arbetade vid dessa maskiner kanske inte saknar dem, men jag tycker att gjutjärnsmaskinerna har en speciell skönhet, elegans och värdighet.*

Erik Dahlbergsgatan 4

Järntorget 6

Järntorget 6

# CONTRASTS / KONTRASTER

While mainly wooden structures were built for workers at the end of the nineteenth century, elaborately decorated stone houses were built in other areas for the middle classes in the "stone city". No expenses spared. This was after all "The Gilded Age".

*När det i slutet av artonhundratalet huvudsakligen byggdes trähus för arbetare, byggdes det rikt dekorerade stenhus för den välbärgade medelklassen i "stenstaden". Här sparades det inte på slantarna. Det var en tid med avsevärda inkomstklyftor.*

Kungsportsavenyn 27

# BRITISH INFLUENCE IN GOTHENBURG
## BRITTISKT INFLYTANDE I GÖTEBORG

Gothenburg is a fairly young city (founded 1621) and has always depended on the influx of foreigners and their expertise. The Dutch who built the canals were once so numerous that they were in the majority and the city was ruled by Dutch law.

But the British influence has been the most important and lasting influence. Gothenburg being on the West coast of Sweden has an obvious advantage in trade with Britain. When Napoleon put a blockade against England after the battle of Trafalgar (1805), a lot of British cargo was smuggled through Gothenburg to the continent which benefited the Swedish economy.

A great many Scots have moved to Sweden over the years. Some worked in a military capacity, but most came as business men or to escape political upheaval and persecution at home (after 'the Stuart rising' 1715-16 and the battle of Culloden in 1745) and found safety and help in Gothenburg. The names Dickson, Keiller, Gibson, Barclay are all Scottish immigrants and important names in this city. The Scots were able organizers and several became important leaders and businessmen. What characterized many of them was their social conscience and philanthropic donations at a time when there was no social welfare state whatsoever. William Gibson built an entire factory village, Jonsered, outside Gothenburg based on high-minded principles (right).

*Göteborg är en relativt ung stad (grundades 1621) och har alltid varit beroende av inflyttade utlänningar och deras expertis. Holländare byggde Göteborgs kanaler och de var en gång så många att staden styrdes efter holländsk lag.*

*Men det brittiska inflytandet har varit det mest betydande och långvariga. Eftersom Göteborg ligger på Sveriges västkust har staden en given fördel i handeln med Storbritannien. När Napoleon straffade England med en handelsblockad efter slaget vid Trafalgar (1805) smugglades mycket gods till kontinenten via Göteborg. Detta gynnade den svenska ekonomin.*

*Många skottar har under åren flyttat till Sverige. En del gjorde det som militärer, men de flesta var affärsmän. En del flydde från politiska oroligheter hemmavid (det Stuartska upproret 1715-16 och slaget vid Culloden 1745) och fann en tillflykt i Göteborg. Här fanns ett nätverk som hjälpte dem. Familjerna Dickson, Keiller, Gibson, och Barclay är alla immigranter från Skottland och betydande namn i stadens historia. Skottarna var bra organisatörer och många blev framgångsrika ledare och affärsmän. Vad som utmärkte dem var deras sociala medvetande och filantropi under en tid då det inte fanns någon som helst välfärdsstat. William Gibson (höger) byggde en hel by, Jonsered, utanför Göteborg, baserad på mycket ädla principer (höger).*

Photo: Ralphael Saulus

### THE ROYAL BACHELORS' CLUB
This private club was formed by around twenty young men of English and Scottish descent in 1769 for the purpose of playing billiards. In 1814, the club ceased being a closed society and became an association of a general nature.

*Denna privata klubb bildades 1769 av circa tjugo engelsmän och skottar för att de skulle spela biljard tillsammans. 1814 öppnades klubben upp för en vidare krets.*

"The English block" built on Avenyn downtown like English town houses for the well to do ca 1850
*Det engelska kvarteret på Avenyn 3-17 byggt i engelsk stil ca 1850 för välbeställda göteborgare.*

Gustaf Pabst 1870: The Jonsered Textile Mill / Jonsereds fabriker

Many of the Scottish immigrants had the advantage in coming from an already industrialized country. William Gibson, who founded a textile mill making sailcloth outside Gothenburg (together with Alexander Keiller), was influenced by Robert Owen (1771-1858), the Scottish industrialist who wanted to work on higher principles rather than commercial.

Gibson built a self supporting village around the mill in Jonsered, and the mill catered to every need of the workers, from cradle to grave. The houses were built by their own made bricks, and lit by their own gas. Milk came from their own farm. The mill had its own midwife, clergyman, library, dentist, school, day care centre and old people's home.

When it became popular for workers to emigrate to America, Gibson gave his workers each a plot of land on his own land in order to entice them to stay. This area was called "America".

**William Gibson**
**1783-1857**

*Många av de skotska immigranterna hade fördelen att komma från ett redan industrialiserat land. William Gibson (som tillsammans med landsmannen Alexander Keiller anlade en fabrik för segelduk i Jonsered) var påverkad av Robert Owen (1771-1858), en affärsman från Skottland som ville driva sin fabrik enligt högre principer än de rent kommersiella.*

*Gibson byggde en självförsörjande by runt fabriken i Jonsered. Där blev arbetarna omhändertagna från vagga till grav. Arbetarnas hus byggdes av tegel från det egna tegelbruket, gasen till belysningen var framställd på plats. Mjölk kom från det egna mejeriet. Fabriken hade egen barnmorska, präst, bibliotek, tandläkare, skola, barnträdgård och ålderdomshem. När många arbetare emigrerade till Amerika, försökte Gibson att få dem att stanna kvar genom att ge varje arbetare en kolonilott på fabrikens ägor. Området kallades för "Amerika".*

# THE FIVE CONTINENTS
## DE FEM VÄRLDSDELARNA

Järntorgsbrunnen or the "The five continents" is a sculpture by Tore Strindberg (1882-1968) at Järntorget at one end of Haga. The five women each represent a continent. The woman representing the American continent (left) holds a tiny copy of the Statue of Liberty.

The cast iron fountain basin was made under auspices of architect Carl Bergsten. Once a market for iron ("järn") trading, there are engraved stamps from the old iron plants in Bergslagen inscribed on the fountain basin.

*Järntorgsbrunnen eller "De fem världsdelarna" är en skulptur av Tore Strindberg (1882-1968) på Järntorget vid ena kanten av Haga.*

*Där finns en fontän i granit, ett brunnskar i gjutjärn och fem kvinnor som representerar de fem världsdelarna. Kvinnan som representerar den amerikanska kontinenten håller en liten kopia av Frihetsgudinnan i sina händer. Så Frihetsgudinnan finns även i Göteborg!*

*Brunnskaret är utformat under medverkan av arkitekt Carl Bergsten. På brunnsskålen som är gjuten vid Näfveqvarns Bruk, finns järnstämplar från de gamla bruken i Bergslagen.*

# 1859: FASTEN YOUR BELTS / BÄLTESPÄNNARNA

The sculpture by J. P Molin (1814-1873) in the park across from the Old Opera House, depicts two men fighting it out in an old Nordic tradition. They are tied together with a belt around their waists and will keep fighting until one of them is dead.

The men fight over a woman, and this sculpture comes with a pictorial description on bronze reliefs around the base of the sculpture. It tells of what went on before this fight started.

There seems to have been a lot of drinking, then a quarrel and then the inevitable fight. The woman pleads, asking them not to fight. Whatever the outcome, she will lose.

*Skulpturen av J. P Molin (1814-1873) i parken tvärs över från Stora teatern föreställer två män som kämpar mot varandra i den forntida tvekampsformen "spänna bälte". De som kämpar har bundits samman med ett bälte och kämpar sedan mot varandra på liv och död.*

*Kampen gäller en kvinna och på skulpturens sockeln ges bakgrunden till kampen i form av reliefer i brons som beskriver och dramatiserar konflikten.*

*De två männen dricker och kommer ihop sig. Kvinnan bönar och ber att de inte skall strida.*

*Vad som än händer, så är det hon som förlorar.*

# ART ON A POLE
## KONST PÅ EN STÅNG

Today it is not common with art in the shape of a flag pole. But once, it seemed the perfect thing to do. The flag poles left and right were placed on the Gustavus Adolphus square in 1932. Architect: R.O Swensson. Artist: Bror Chronander.

The flagpole below was made in 1944 for the Transatlantic Shipping company by Arvid Bryth (1905-1997). More images on p. 67-69.

*Idag är det inte så vanligt med konst på flaggstänger men en gång var det väldigt inne. Flaggstängerna till vänster och höger restes på Gustav Adolfs torg 1932. Arkitekt: R.O. Swensson. Konstnär: Bror Chronander. Flaggstången nedan gjordes 1944 av Arvid Bryth (1905-1997) för rederiet Transatlantic (s. 67-69).*

Polynesia / Polynesien

One of Sweden's largest shipping companies was the Transatlantic (1904-1994). When they built a new head office in 1944, they wished to display what they were doing and had the sculptor Arvid Bryth 1905-1997 create a sculpture in the shape of a flagpole. It is easy to pass it on the sidewalk. But stop a moment and peruse a very interesting Swedish shipping history. There are many fine depictions of all the various parts of the world trafficked by Transatlantic's many vessels.

*Ett av våra två stora rederier i Sverige var Transatlantic (1904-1994). På något sätt ville man visa upp sin verksamhet utanför det nya huvudkontoret 1944 och därför lät man en konstnär (Arvid Bryth 1905-1997) göra en skulptur i form av en flaggstång (vänster). Det är lätt att bara gå förbi den, men den är värd att betrakta en stund. Den beskriver nämligen de olika delar av världen som Transatlantic trafikerade med sina många fartyg. Det är ju mycket intressant svensk sjöfartshistoria.*

Northern Europe / Norra Europa

One of the four cardinal directions / Ett av de fyra väderstrecken

China / Kina

Mexico

Africa / Afrika

One of the four cardinal directions / Ett av de fyra väderstrecken

1

# PUBLIC ART
## OFFENTLIG KONST

In Sweden, public buildings are allowed a budget for art. When hospitals are built, one percent of what it costs to build a new hospital is set aside for art. With the increased cost of building, this becomes a very large sum. The art is chosen with care and the realization that many people encounter art for the first time when they visit a hospital.

The detail of a woven tapestry by Bibbi Lovell (left) is one of the many art pieces at the Mölndal Hospital, near Gothenburg. It depicts work at the Papyrus Paper company

*I Sverige avsätts en procent av kostnaden för att bygga ett sjukhus till en fond för att köpa konst. Det kan bli en stor summa. Konsten väljs med omsorg med vetskapen att en del människor kanske kommer i kontakt med konst för första gången när de besöker ett sjukhus.*

*Till vänster är en detalj av Bibbi Lovells vävkonst, ett av många konstverk på Mölndals sjukhus utanför Göteborg. Den skildrar arbetet på Papyrus i Mölndal.*

1. Bibbi   Lovell "Apple blossoms over Mölndal" / "Äppleblom över Mölndal"

2. Ronald Reyman,  "Orchestra" / "Orkester"

3. Lars Lindecrantz, "Playing Children" / "Lekande barn"

4. Bengt Johansson "Flute Player" / "Flöjtspelaren"

5. Leo Pettersson "Without Title" wood sculpture / "Utan titel" träskulptur

6. Nils Wedel,  "The Fur Seamstresses" / "Pälssömmerskorna"

7. Göran Johansson

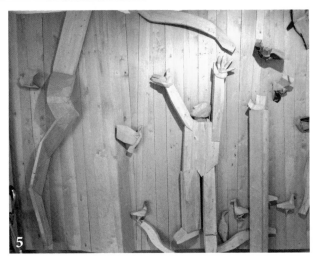

# CHARM THAT THRILLS
## CHARM SOM GÅR HEM

The Victoria passage is an unassuming little passage that has escaped being torn down and replaced with a modern building. It is a charming oasis away from the oxygen starved atmosphere so common in large chain stores. Humans need "off" places like this. That's why so many people come here.

*Victoriapassagen är en väldigt anspråkslös men mycket charmig passage genom ett kvarter i centrum. Känslan är mysigt gammaldags och passagen är en oas från den syrefattiga luften i de stora kedjebutikerna. Vi människor behöver områden som inte är likriktat sönderexploaterade. Just därför söker sig många människor till Victoriapassagen.*

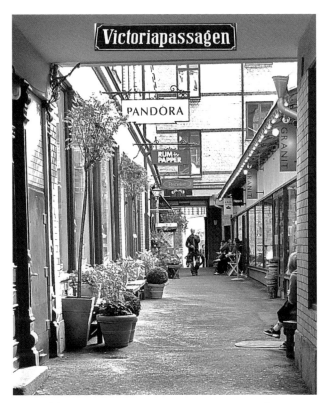

1

# "FIKA" : THE SWEDISH ART OF TAKING A BREAK

"Fika" is a Swedish institution; the habit of slowing down with a cup of coffee or tea and something to nibble on. People in Scandinavia drink more coffee than anyone in the world. Whether you are at home or at work, this is an important social ritual covered even by union contracts. Management often joins their employees in this important time of the day. Fika is a must - twice a day.

1. There are many charming places in Haga to fika.

2. Downtown has a great many places to fika.

3. "Two for Fika" drawing by Donovan O'Malley.

4-5. If you want to have a nice fika at home there are speciality shops with personal service to buy the best tea and coffee. You can "sample" the fragrance before you buy.

6. Bräutigam's was for many years the finest café with a pianist entertaining the elegant audience. Unfortunately, only the sign is left.

7. These ladies have found a perfect spot to fika among the roses in The Garden Society of Gothenburg.

3

2

Ordet "fika" är en typisk svensk företeelse som blivit internationellt uppmärksammad på sistone - vanan att koppla av med kaffe eller te och något gott att äta. Vare sig man är hemma eller på jobbet är detta en viktig ritual som till och med regleras i fackliga avtal. Till skillnad från hur det kan vara i utlandet, deltar ofta chefen i personalens fika. Fika är ett absolut måste. Två gånger dagligen.

1. I Haga finns det många charmiga ställen att fika på.

2. Innerstaden har ett otroligt stort utbud av olika sorters caféer för en trevlig fika.

3. "Two for Fika" teckning av Donovan O'Malley

4-5. Om man vill fika hemma finns det specialaffärer med personlig service där man kan provdofta te innan man köper hem.

9. Bräutigams var i många år det exklusiva innestället med en underhållande pianist. Numera finns bara skylten kvar tyvärr.

7. De här damerna har hittat ett perfekt ställe för sin fika bland rosorna i Trädgårdsföreningen.

8. Things change. These days, daddies on 'paternity leave' often meet downtown for a fika with their kids.

8. Saker förändras. Föräldralediga pappor går ofta tillsammans ut och fikar på sta'n tillsammans med barnen.

# DECORATIVE DELIGHTS
## DEKORATIVA FRÖJDER

The architect of the buildings on these pages was Hans Hedlund (1855-1931). One of the subjects he taught at the Chalmers School of Architecture in 1886, was "Ornamental Drawing". In these buildings the teacher and architect had the opportunity to express what could and should be built. Note the majolica friezes (left). Hedlund's buildings can be found on many other pages of this book (p. 26, 36, 38 and 52).

*Arkitekten till byggnaderna på denna sida är Hans Hedlund (1855-1931). Ett av de ämnen han undervisade i på Chalmers 1886 var "ornamentsritning". Med dessa byggnader har han haft tillfälle att uttrycka vad han som arkitekt och lärare ansåg kunde och borde byggas. Notera majolikafriserna (vänster).*
*Hedlunds byggnader finns på många andra sidor i denna bok (s. 26, 36, 38 ochs 52).*

Vasagatan 46

Same building as on p. 77 / *Samma byggnad som på s. 77*

The School of Design and Crafts in Jugend style by Hans Hedlund 1904 / *Högskolan för design och konstantverk i jugendstil av Hans Hedlund 1904.*

**Above and top right:** The Jugend style building above and the brick building with the lion's head, are both on Storgatan in Gothenburg, an interesting street to visit. It has not had any old buildings torn down in the peculiar atmosphere of the sixties when so many city planners turned their backs on their past.

**Right:** A delightful turret type decoration we will never see on new buildings.

**Opposite page:** A collection of animals; the traditional lion, a water-spouting dragon from a fountain by Domkyrkan and two rare dogs from Norra Hamngatan 40 (Arvid Bjerke 1912).

*Ovan och ovan höger: Huset ovan i jugendstil och tegelbyggnaden med det röda lejonhuvudet, finns båda på Storgatan i Göteborg. Det är en intressant gata att besöka. Där revs inga äldre hus i den besynnerliga sextiotalsandan när så många stadsplanerare vände ryggen åt sitt förgångna.*

*Vänster: En dekorativ tornaktig fröjd som vi aldrig får se på ett nybyggt hus.*

*Motsatta sidan: En samling djur; det traditionella lejonet, en vattensprutande drake från vattenfontänen framför Domkyrkan och två hundar (något man sällan ser i arkitektur) från Norra Hamngatan 40 (Arkitekt Arvid Bjerke 1912).*

# THE DEMURE CHARM OF RED BRICK
## DET RÖDA TEGLETS FÖRSYNTA CHARM

Red hand made bricks are typical of the National Romantic style. (One of the finest examples of this style is the City Hall in Stockholm, architect Ragnar Östberg 1923, not shown on these pages.)

But red brick buildings have a disadvantage. They might have many fine details but they often appear next to buildings with light ornate stucco facades that tend to grab the attention of passersby.

**Above:** Apartment building in "Johanneberg" in National Romantic Style.
**Left:** The School of Design and Crafts in Jugend style by Hans Hedlund 1904.


*Rött handslaget tegel är intimt förknippat med nationalromantiken. (Stadshuset i Stockholm av Ragnar Östberg 1923 är ett av landest främsta byggnadsverk i den nationalromantiska andan, dock inte visad på dessa sidor.)*

*Men byggnader i rött tegel kan tyvärr lätt förbises även om de har många fina detaljer på fasaden. De är rätt försynta av sig i stadsbilden där rikt dekorerade ljusa putsade fasader ofta pockar på vår uppmärksamhet.*

***Ovan:*** *Bostadshus i Johanneberg i nationalromantisk stil.*
***Vänster:*** *Högskolan för design och konsthantverk. Hans Hedlund 1904.*

One of the sides of the Röhsska Museum 1912. Architect Carl Westman (1866-1936). National Romantic style. Note the hand made red bricks, wrought iron and the fine craftsmanship and interesting animals at the roof.

*Ena gaveln på Röhsska museet 1912. Arkitekt Carl Westman (1866-1936). Notera det fina hantverket i järnsmidet och figurerna på taket.*

Södra vägen

Olof Wijksgatan

**Above:** Another decorative urn, in addition to the small wooden one over the door to the left. This urn is granite, standing on red bricks - in true National Romantic Style.

***Ovan:*** *Ytterligare en dekorativ urna (förutom urnan av trä över dörren till vänster). Denna urna är gjord av granit på en bas av rött tegel - i sann nationalromantisk anda.*

Södra vägen

The door opposite (note the special Greek urn made of natural oak) and the red brick building (left) show signs of the Nordic Classicism which emerged around 1920. It is also called "Swedish Grace".

Considering the classic lines of the facade, it could have had a lighter colour rather than the red bricks, but the architect might have had one foot in the National Romantic style which preceded it. Unfortunately, the red brick building is on the shady side of the street opposite massive bright ornate stucco houses (below) which catch the sunlight and all the attention of passersby.

*Dörren (notera den grekiska urnan i lackad ek) och den röda tegelfasaden (vänster) uppvisar drag av nordisk klassisism (1920-talet) även kallad "Swedish Grace".*

*Med tanke på fasadens klassiska linjer hade något ljusare puts kanske varit mer passande men arkitekten hade nog ena foten i nationalromantiken som föregick denna stil. Tyvärr ligger byggnaden i skuggan. Tvärs över gatan (nedan) får ljusa, massiva, rikt dekorerade stuccofasader all sol och uppmärksamhet av förbipasserande.*

Södra vägen

## BOOKS BY / BÖCKER AV
Leif Södergren

**FOOD & FOLK**
Memories and thoughts on food and
those who cooked it, with 180 photos
and illustrations from California,
Sweden and England.
(English)

**A GARDEN IN GOTHENBURG**
**TRÄDGÅRDSFÖRENINGEN**
132 colour photos
(English and Swedish)

**RESA I TIDEN**
(Swedish essays)

**NÄRBILDER GÖTEBORG**
(Swedish)

**MY DARLING OLGA**
Folke Jonsson Letters 1909-1961
(English)

**THE OLGA & FOLKE**
**PICTURE BOOK**
A Pictorial Companion (140 photos) to
"MY DARLING OLGA"
(English)

**OLGA & FOLKE**
**En bilderbok från en svunnen tid**
(Same as the above)
(Swedish)

**SKANDALEN OM JIMMY JONES**
En godnattsaga för vuxna
av Donovan O'Malley
Illustrerad av författaren
översatt av Leif Södergren
(Swedish translation from the English)

## BÖCKER OM GÖTEBORG
(Swedish books )

**Bilden av Göteborg. Färgfotografier**
**1910-1970**, Robert Garellick.
Del I och II.

**För hundra år sedan - skildringar**
**från Göteborgs 1800-tal**
Göteborgs historiska museum 1984
Redigerad av Lili Kaelas
och Kristina Söderpalm

**Ostindiska Kompaniet:**
Människorna, äventyret
och den ekonomiska drömmen
Tore Frängsmyr 1976

**Göteborg berättar om igen**
Bengt A. Öhnander 1997

**Systrarna på Liseberg**
Emily E. Nonnen 1922

**Sveriges industrialisering och**
**släkten Keiller** Martin Fritz 2008

**Haga : Göteborgs första förstad**
**och arbetarestadsdel.**
Gudrun Lönnroth 1990
Göteborgs historiska museum.

**Skotska flyktingar i Göteborg**
**juni 1746 - september 1747**
Göran Behre,
Göteborg förr och nu XIII 1978

**Jonsereds Herrgård**
Broschyr 2004, Text Anders Franck
Göteborgs Universitet

## INFORMATION ABOUT GOTHENBURG

FOUNDED: 1621

POPULATION 2015: 543.005

AVERAGE INCOME 2013: SEK 300.649

POSITION: latitude 57.708870, longitude 11.974560

ELEVATION: 6 meters (19.685 feet)

## *INFORMATION OM GÖTEBORG*

*GRUNDAD: 1621*

*BEFOLKNING 2015: 543,005*

*MEDELINKOMSTEN 2013: SEK 300,649*

*POSITION: latitude 57.708870, longitude 11.974560*

*HÖJD ÖVER HAVET: 6 meter*


*Source / Källa: Göteborgs Stad*

Poseidon

A mirrored detail from the facade of the Dickson people's library p. 52 / Speglad detalj från fasaden på Dicksonska folkbiblioteket s. 52